APRENDiENDO HEBREO:

¡Vamos a comer!

Libro de Actividades para Principiantes

Aprendiendo Hebreo: ¡Vamos a comer! Libro de actividades para principiantes

Todos los derechos reservados. Al comprar este Libro de actividades, el comprador puede copiar las hojas de actividades solo para uso personal y en el aula, pero no para reventa comercial. Con la excepción de lo anterior, este Libro de actividades no puede reproducirse total o parcialmente de ninguna manera sin el permiso por escrito del editor.

Bible Pathway Adventures® es una marca registrada de BPA Publishing Ltd.
Defenders of the Faith® es una marca registrada de BPA Publishing Ltd.

ISBN: 978-1-98-858573-4

Autora: Pip Reid
Director Creativo: Curtis Reid

Para obtener recursos bíblicos gratuitos y Paquetes para Maestros, incluyendo páginas para colorear, hojas de trabajo, exámenes y más, visite nuestro sitio web en:

shop.biblepathwayadventures.com

 # Introducción para los Padres

Diviértete enseñándoles a tus hijos los nombres Hebreos de los alimentos con nuestro *Libro de Actividades Aprendiendo Hebreo: ¡Vamos a comer!* Desde la leche hasta el pan, del jalá al pastel; el libro contiene 26 palabras Hebreas de alimentos para enseñarles. Además, también incluye muchas oportunidades para que practiquen coloreando y escribiendo lo que han aprendido.

Este libro está diseñado para complementar la base aprendida en nuestro Aprendiendo Hebreo: Libro de Actividades del Alfabeto. Creamos ambos libros para ayudarte a enseñarles a tus hijos las bases del idioma Hebreo de una forma divertida y creativa. Los niños expuestos al Hebreo, especialmente aquellos que están expandiendo su conocimiento de la Torá, ganarán un mayor entendimiento bíblico y un amor más profundo por la Palabra de Yah.

Bible Pathway Adventures asiste a maestros y padres de familia a enseñar a los niños acerca de la Fe Bíblica de una manera creativa y divertida. Esto es posible mediante nuestros libros de cuentos ilustrados, paquetes para maestros, libros de actividades, y actividades imprimibles. Todo está disponible para ser descargado en nuestro sitio web: www.biblepathwayadventures.com

¡La búsqueda de la Verdad es más divertida que la Tradición!

Tabla de Contenidos

Introducción 3
Este libro pertenece a… 5
¿Lo sabías? 6
La tabla del Alfabeto Hebreo 7

Huevo 8
Queso 10
Mantequilla 12
Leche 14
Jugo 16
Bagel 18
Cereal 20
Gacha 22
Fruta 24
Ensalada 26
Pan 28
Matzá 30
Jalá 32
Sándwich 34
Arroz 36
Pasta 38
Pizza 40
Carne 42
Pollo 44
Pescado 46
Sushi 48
Sopa 50
Dal bhat 52
Galleta 54
Pastel 56
Helado 58

Traza las palabras 60
Tarjetas didácticas 67

¡Descubre más Libros de Actividades! 82

¿Lo sabías?

El Hebreo se escribe y se lee de derecha a izquierda.

El Hebreo es uno de los idiomas originales de la Biblia.

El alfabeto Hebreo tiene veintidós letras.

El Alfabeto Hebreo no tiene vocales.

Cuando aprendes Hebreo, las vocales se añaden a las palabras en la forma de pequeños puntos. Estos aparecen arriba, abajo o dentro de una letra. Este sistema de puntos y rayas (llamado nikkudot o nikkud) te muestra cómo pronunciar una palabra Hebrea.

El Alfabeto Hebreo

	Moderno	Paleo	Pictográfico
Alef	א	𐤀	🐂
Bet	ב	𐤁	⌂
Guímel	ג	𐤂	⌐
Dálet	ד	𐤃	▱
Hei	ה	𐤄	⚲
Vav	ו	𐤅	Y
Zayn	ז	𐤆	⌶
Jet	ח	𐤇	⊞
Tet	ט	⊗	⊗
Yod	י	𐤉	⌇
Kaf	כ	𐤊	⊔
Lamed	ל	𐤋	⌒
Mem	מ	𐤌	〰
Nun	נ	𐤍	⌇
Sámej	ס	𐤎	⟊
Ayin	ע	O	⊙
Pei	פ	𐤐	⌒
Tzadi	צ	𐤑	✿
Kof	ק	𐤒	⊖
Resh	ר	𐤓	⌒
Shin	ש	W	⊔
Tav	ת	✕	†

✦ Beitzah ✦

La palabra Hebrea para huevo es beitzah. Puedes comer todas las partes del huevo excepto la cáscara. Muchos Israelitas criaban sus propias gallinas y comían los huevos que éstas ponían.

beitzah
(bey-TSAH)

בֵּיצָה

huevo

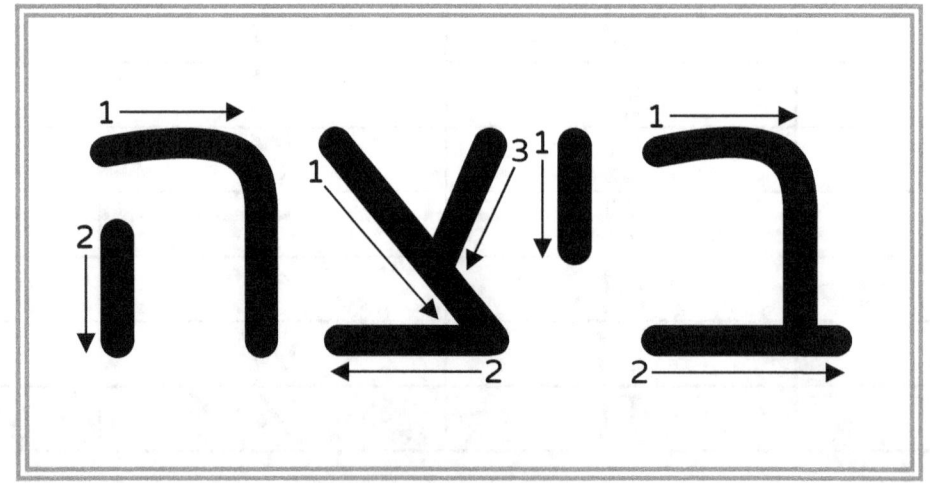

 # ¡Vamos a escribir!

Practica escribiendo estas letras
Hebreas en las líneas de abajo.

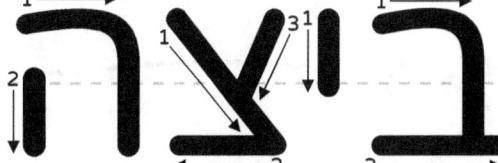

Prueba hacerlo por tu cuenta.
Recuerda que el Hebreo se lee de DERECHA a IZQUIERDA.

Gevinah

La palabra Hebrea para queso es gevinah.
El queso se hace de la leche y se come en todo el mundo.
Los Israelitas comían quesos hechos de leche de cabra y oveja.

gevinah
(Geh-vee-NAH)

גְּבִינָה

queso

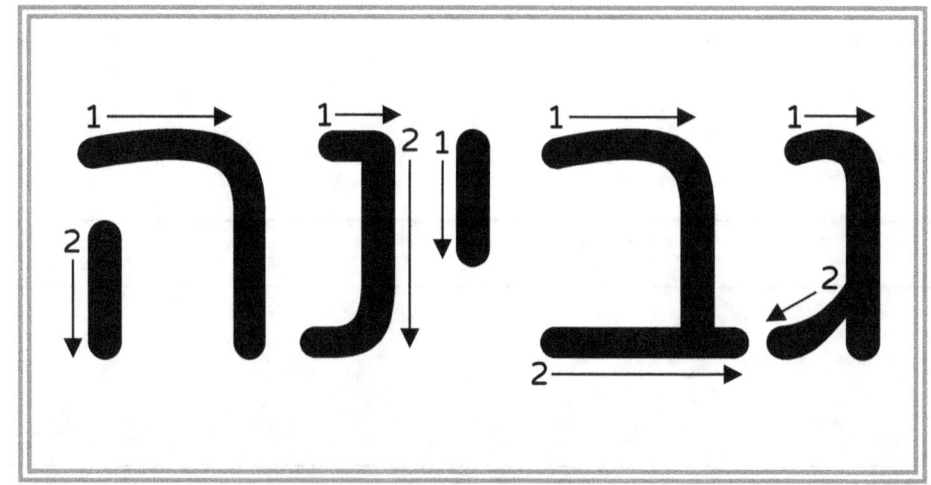

¡Vamos a escribir!

Practica escribiendo estas letras Hebreas en las lineas de abajo.

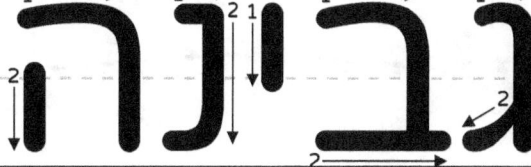

Prueba hacerlo por tu cuenta.
Recuerda que el Hebreo se lee de DERECHA a IZQUIERDA.

✶ Jem'ah ✶

La palabra Hebrea para mantequilla es jem'ah. Los Israelitas hacían mantequilla de la leche mezclándola en un contenedor de piel de cabra o de arcilla.

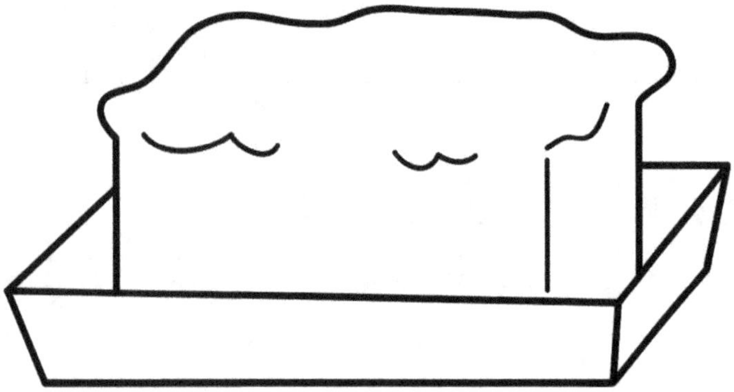

Jem'ah
(Chehm-AH)

חֶמְאָה

mantequilla

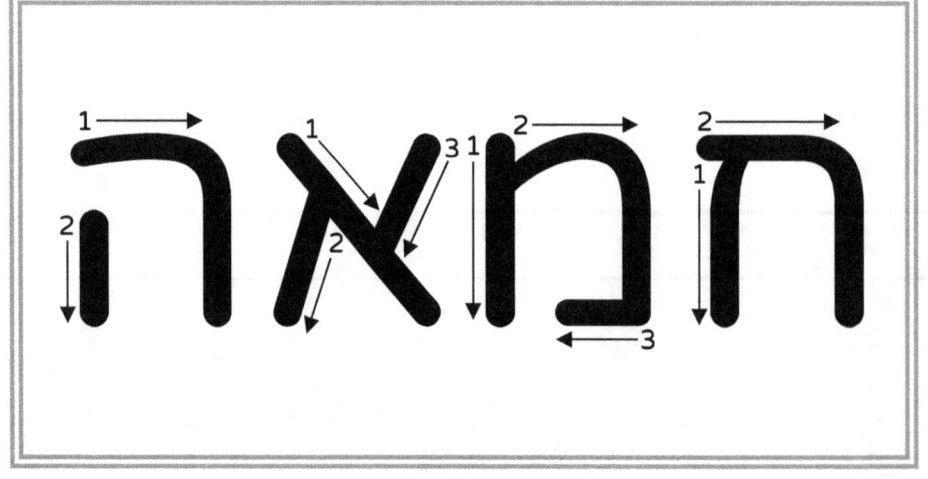

¡Vamos a escribir!

Practica escribiendo estas letras
Hebreas en las líneas de abajo.

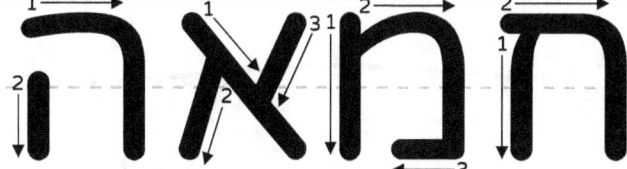

Prueba hacerlo por tu cuenta.
Recuerda que el Hebreo se lee de DERECHA a IZQUIERDA.

✶ Jalav ✶

La palabra Hebrea para leche es jalav. Los Israelitas usualmente bebían agua, pero también bebían leche en forma de un yogurt ligero o de suero durante la primavera y el verano.

Jalav
(CHah-LAHV)

חָלָב

leche

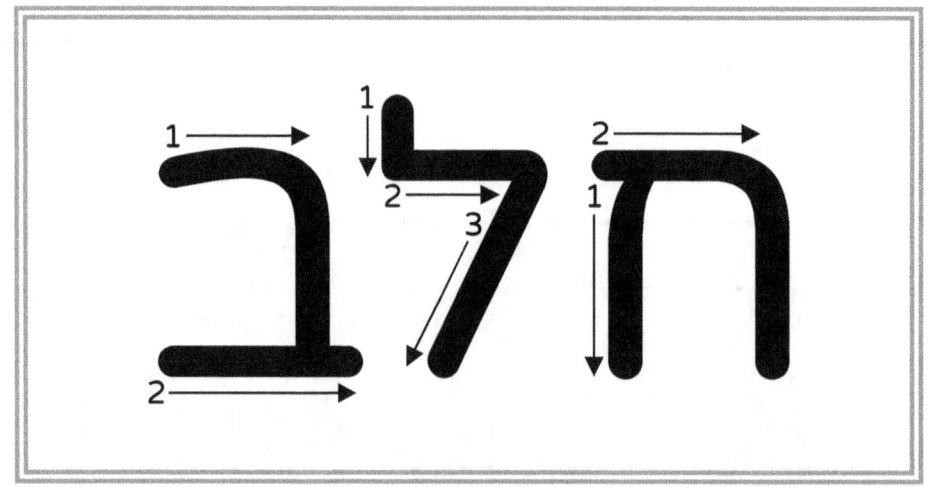

¡Vamos a escribir!

Practica escribiendo estas letras Hebreas en las lineas de abajo.

חלב

חלב

Prueba hacerlo por tu cuenta.
Recuerda que el Hebreo se lee de DERECHA a IZQUIERDA.

Mitz

La palabra Hebrea para jugo es mitz. El jugo es una bebida hecha con frutas o vegetales. A los Israelitas les gustaba beber jugo fresco hecho con frutas como naranjas.

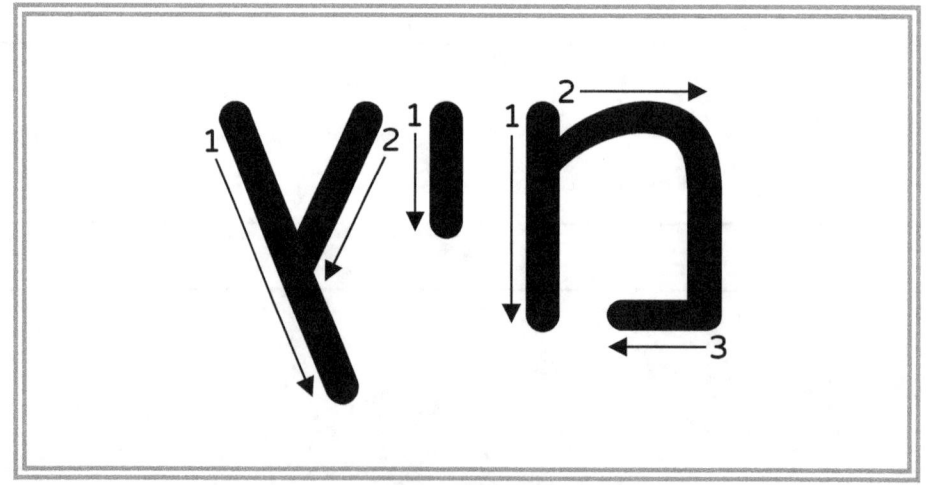

mitz
(MEETS)

מִיץ

jugo

¡Vamos a escribir!

Practica escribiendo estas letras
Hebreas en las líneas de abajo.

חיץ

חיץ

Prueba hacerlo por tu cuenta.
Recuerda que el Hebreo se lee de DERECHA a IZQUIERDA.

✡ Beyegel ✡

La palabra Hebrea para bagel es beyegel. Un bagel es un tipo de pan hecho con harina, agua y levadura. Normalmente los bagels se comen en el desayuno o el almuerzo.

Beyegel
(Bey-yeh-GEHL)

בֵּיגֶל

bagel

¡Vamos a escribir!

Practica escribiendo estas letras Hebreas en las lineas de abajo.

בִּיגֵל

בִּיגֵל

Prueba hacerlo por tu cuenta.
Recuerda que el Hebreo se lee de DERECHA a IZQUIERDA.

✶ Deganim ✶

La palabra Hebrea para cereal es deganim. A menudo el cereal se come en el desayuno. Los Israelitas tenían la primera comida del día casi al final de la mañana e incluía grano tostado, fruta y pan.

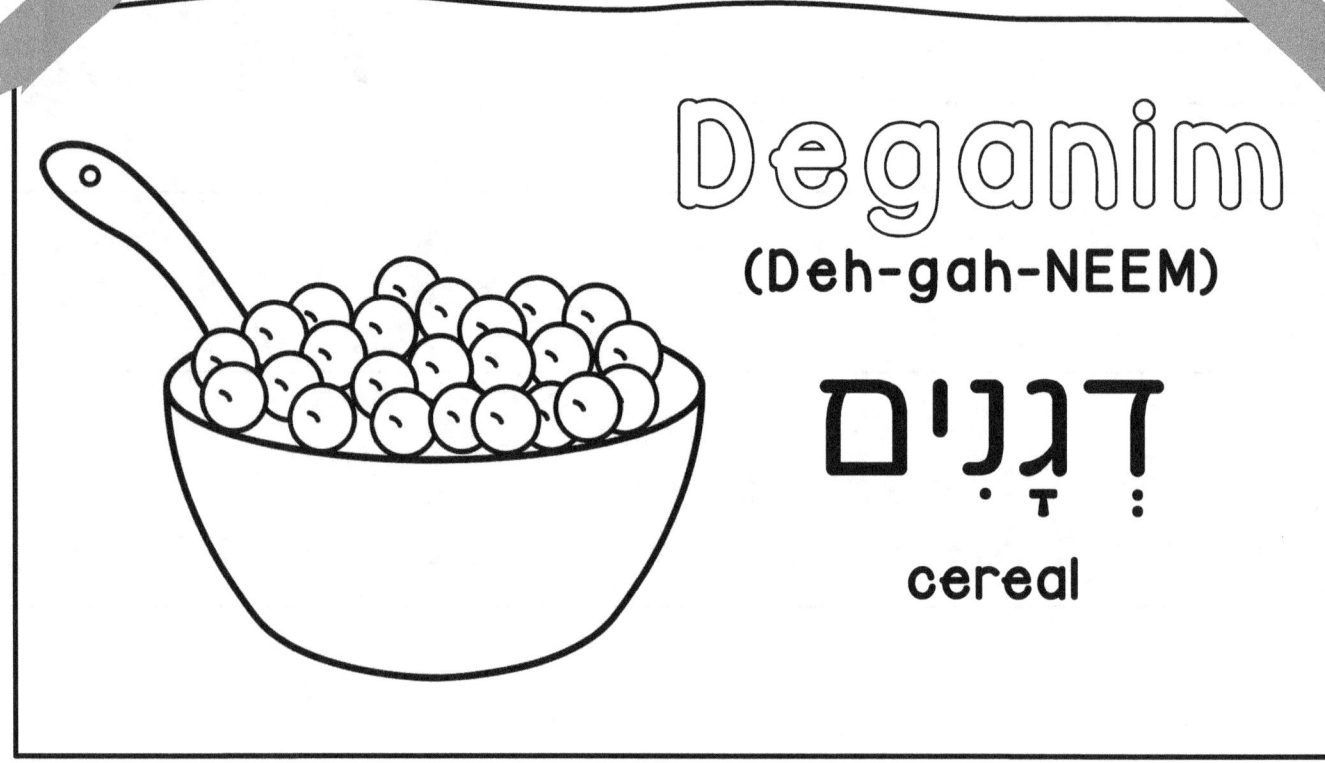

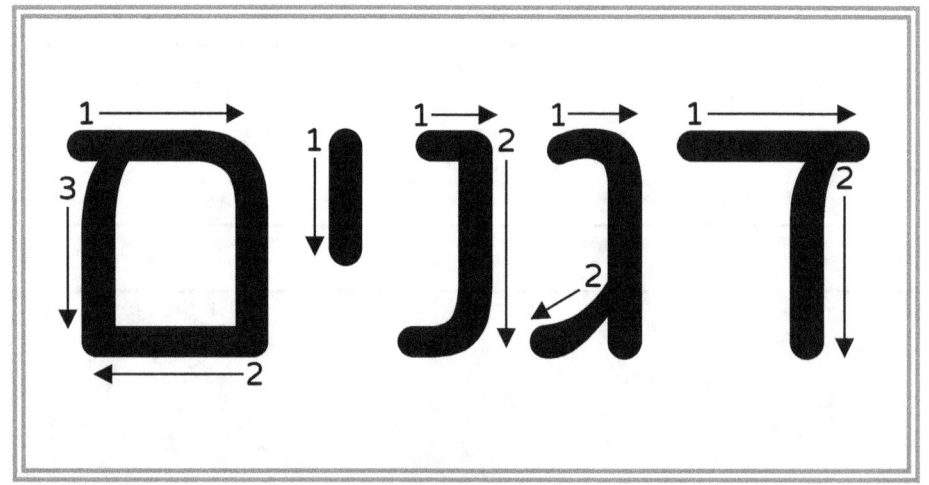

¡Vamos a escribir!

Practica escribiendo estas letras
Hebreas en las líneas de abajo.

דגנים

דגנים

Prueba hacerlo por tu cuenta.
Recuerda que el Hebreo se lee de DERECHA a IZQUIERDA.

Daysah

La palabra Hebrea para gacha es daysah. Gacha es un alimento hecho con avena. Los Israelitas hacían gacha con granos, agua y mantequilla. ¡También usaban gacha para hacer tortas!

daysah
(DAHY-sah)

דַּיְסָה

gacha

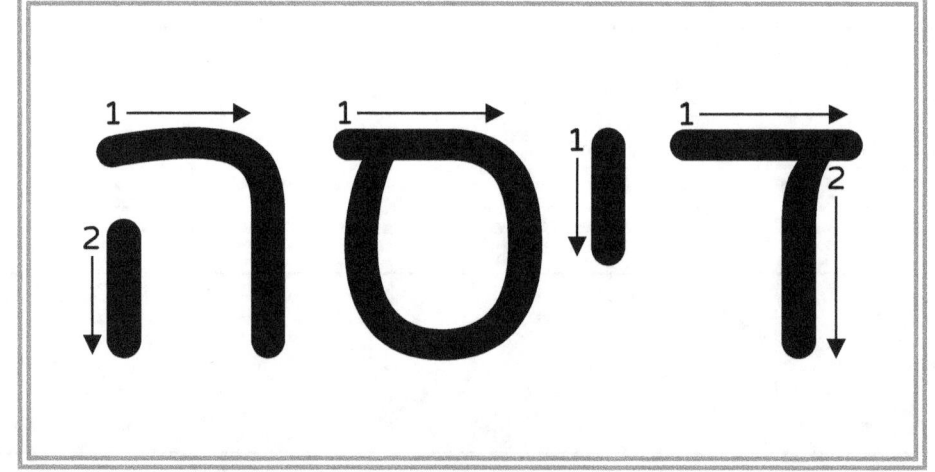

¡Vamos a escribir!

Practica escribiendo estas letras
Hebreas en las líneas de abajo.

דיסה

דיסה

Prueba hacerlo por tu cuenta.
Recuerda que el Hebreo se lee de DERECHA a IZQUIERDA.

✶ Perot ✶

La palabra Hebrea para fruta es perot. Los Israelitas comían frutas como higos, melones y dátiles. A menudo llevaban consigo frutas deshidratadas cuando hacían viajes largos.

perot
(Pey-ROHT)

פֵּרוֹת

fruta

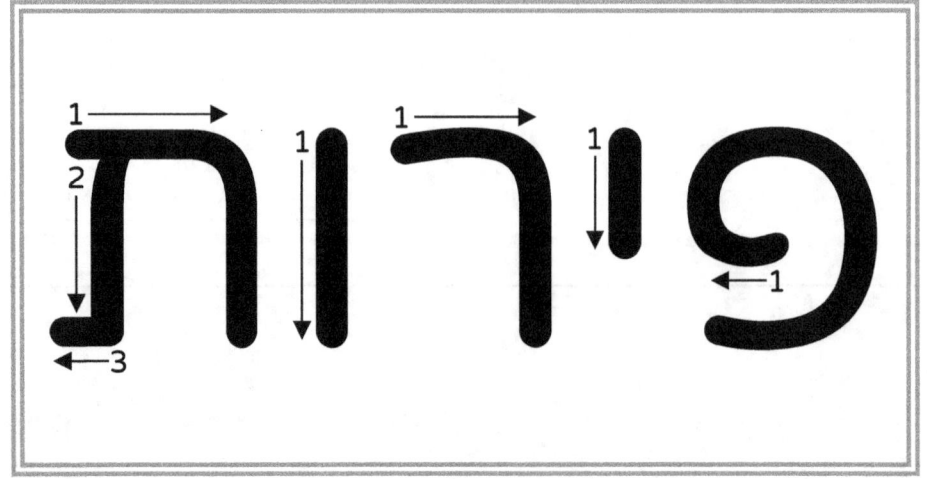

¡Vamos a escribir!

Practica escribiendo estas letras
Hebreas en las líneas de abajo.

פירות

פירות

Prueba hacerlo por tu cuenta.
Recuerda que el Hebreo se lee de DERECHA a IZQUIERDA.

✶ Salat ✶

La palabra Hebrea para ensalada es salat. La ensalada usualmente incluye vegetales como lechuga y tomate. Los vegetales más comunes en el antiguo Israel eran puerros, cebollas y rábanos.

salat

(Sah-LAHT)

סָלָט

ensalada

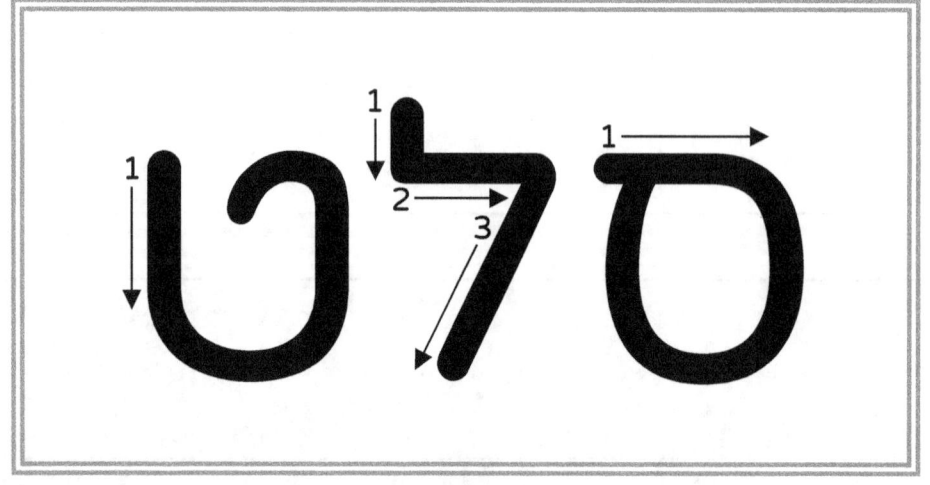

¡Vamos a escribir!

Practica escribiendo estas letras Hebreas en las lineas de abajo.

סלט

סלט

Prueba hacerlo por tu cuenta.
Recuerda que el Hebreo se lee de DERECHA a IZQUIERDA.

Lejem

La palabra Hebrea para pan es lejem. El pan se hace con grano (harina), sal y agua. Los Israelitas almacenaban granos en graneros y hacian sus propios panes.

Lejem
(LEH-chehm)

לֶחֶם

pan

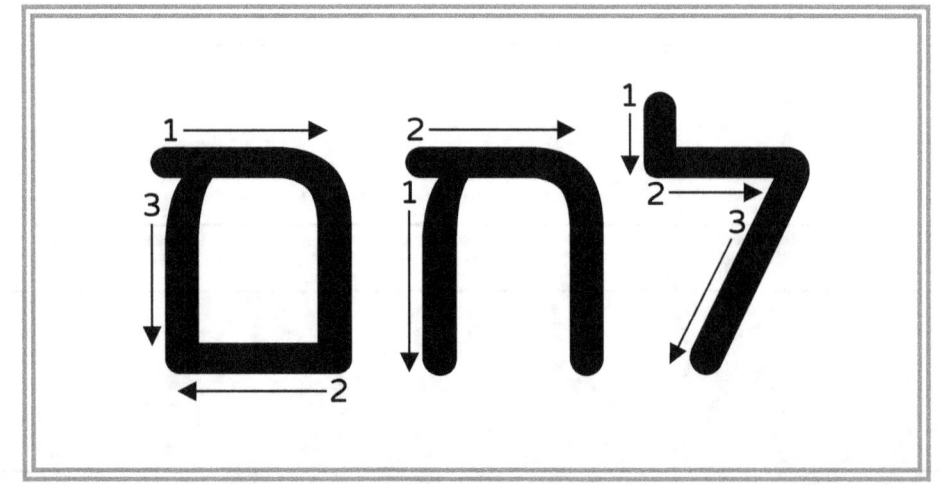

 # ¡Vamos a escribir!

Practica escribiendo estas letras
Hebreas en las líneas de abajo.

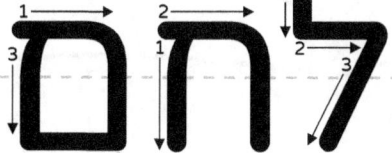

Prueba hacerlo por tu cuenta.
Recuerda que el Hebreo se lee de DERECHA a IZQUIERDA.

✶ Matzá ✶

La palabra Hebrea para pan sin levadura es matzá.
La matzá es un tipo de pan hecho con harina y agua.
La matzá se come durante la Fiesta del Pan sin Levadura.

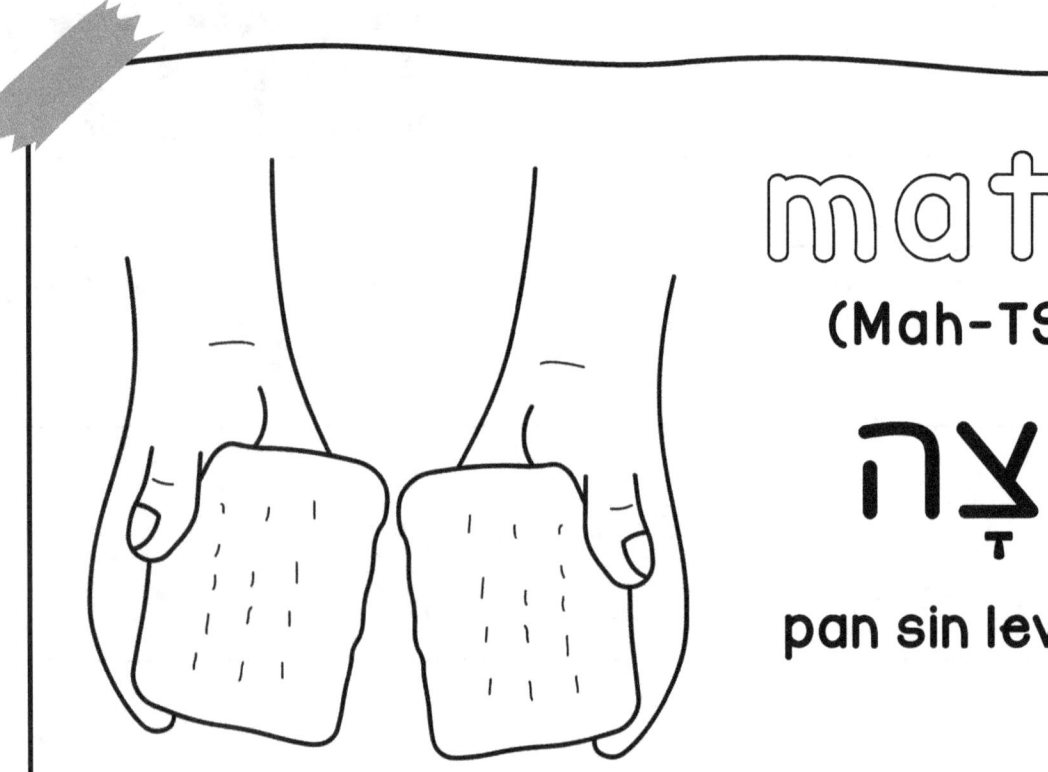

matzá
(Mah-TSAH)

מַצָּה

pan sin levadura

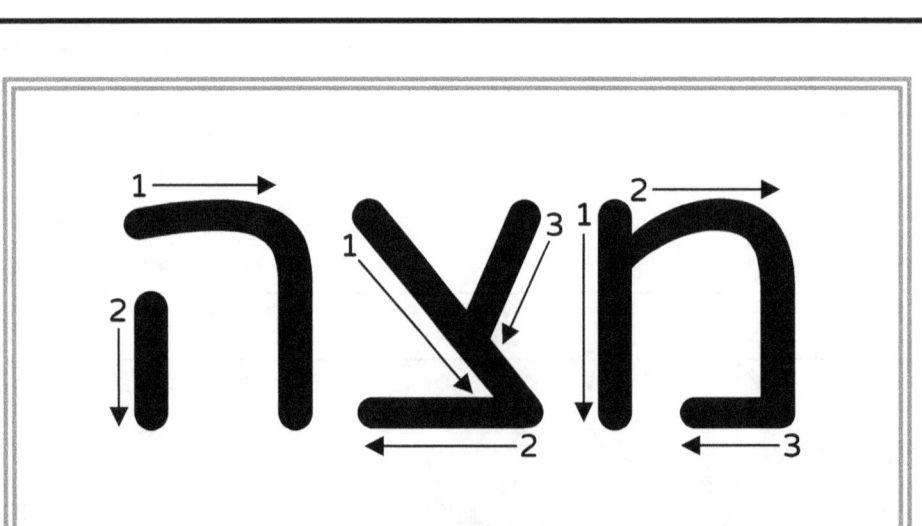

 # ¡Vamos a escribir!

Practica escribiendo estas letras Hebreas en las líneas de abajo.

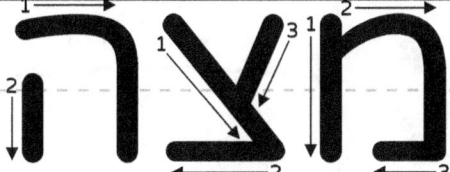

Prueba hacerlo por tu cuenta.
Recuerda que el Hebreo se lee de DERECHA a IZQUIERDA.

✡ Jalá ✡

La palabra Hebrea para una barra especial de pan trenzado es jalá. El jalá contiene huevos dentro de la masa. Se moldea trenzando tres tiras y tradicionalmente acompaña las comidas del Shabat o de festividades.

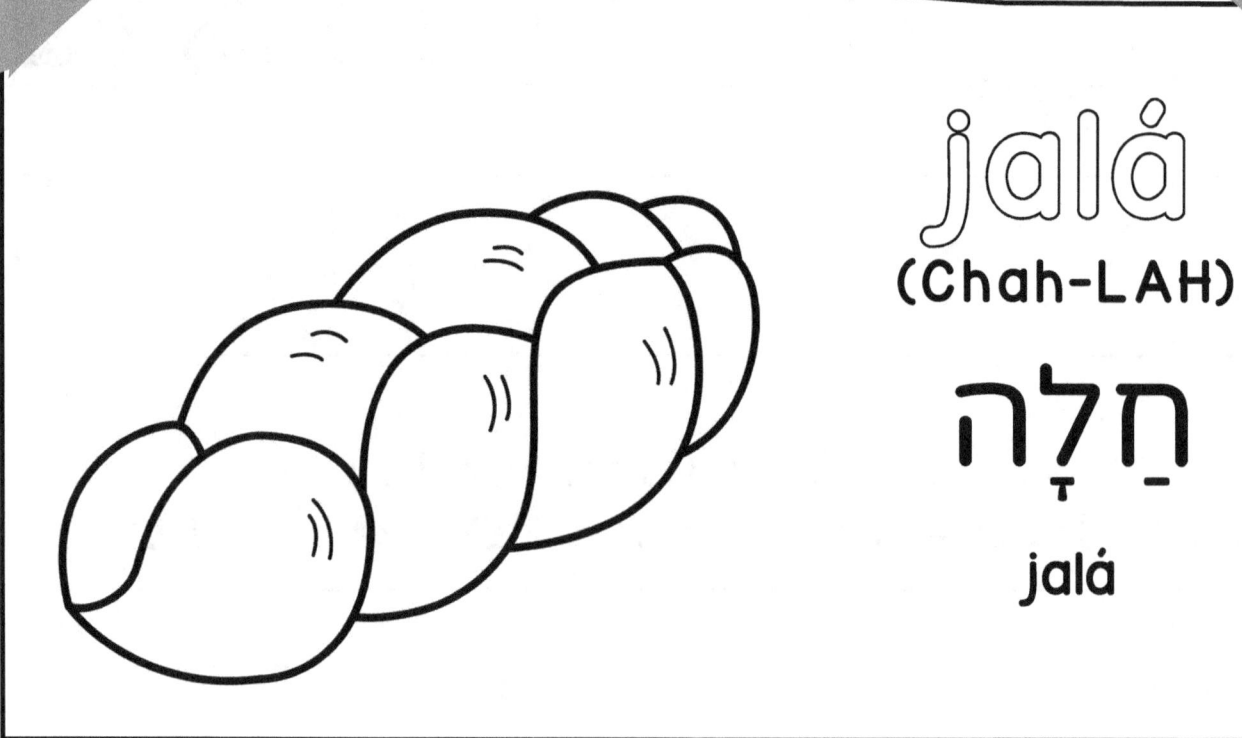

jalá
(Chah-LAH)

חַלָה

jalá

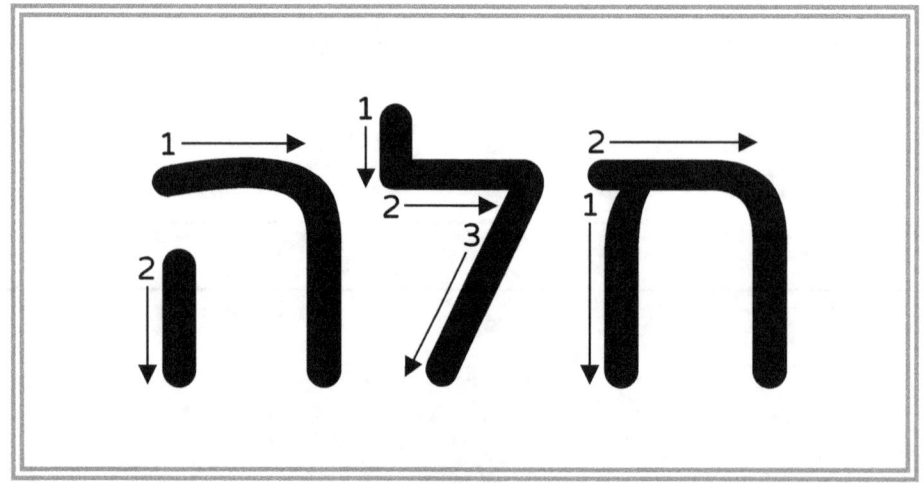

¡Vamos a escribir!

Practica escribiendo estas letras
Hebreas en las líneas de abajo.

Prueba hacerlo por tu cuenta.
Recuerda que el Hebreo se lee de DERECHA a IZQUIERDA.

✶ Karij ✶

La palabra Hebrea para sándwich es karij. Haces un sándwich colocando diferentes alimentos entre dos piezas de pan. Los Israelitas consumían pan con todas las comidas.

karij
(Kah-REECH)

כָּרִיךְ

sándwich

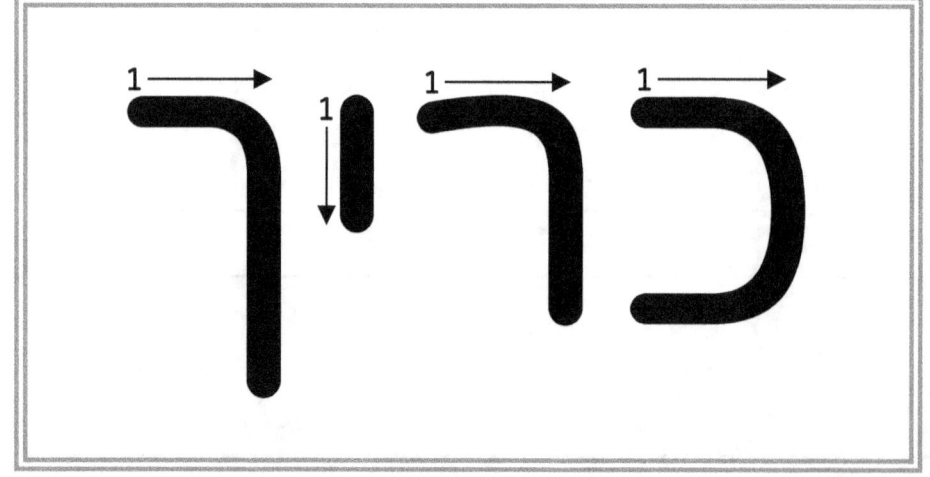

¡Vamos a escribir!

Practica escribiendo estas letras Hebreas en las líneas de abajo.

כריך

כריך

Prueba hacerlo por tu cuenta.
Recuerda que el Hebreo se lee de DERECHA a IZQUIERDA.

Orez

La palabra Hebrea para arroz es orez. Usualmente, el arroz se planta en campos llenos de agua. Los Israelitas cultivaban arroz durante los meses de verano y lo vendían a otros países.

orez
(OH-rehz)

אֹרֶז

arroz

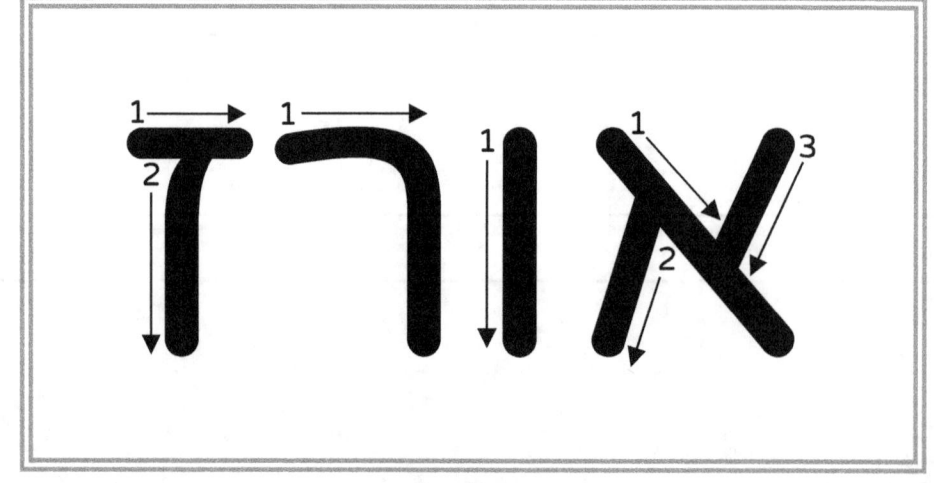

¡Vamos a escribir!

Practica escribiendo estas letras
Hebreas en las líneas de abajo.

אוֹר

אוֹר

Prueba hacerlo por tu cuenta.
Recuerda que el Hebreo se lee de DERECHA a IZQUIERDA.

✦ Pastah ✦

La palabra Hebrea para pasta es pastah. La pasta es un alimento hecho de harina, agua y algunas veces huevos. En la tierra de Israel, a los niños les gustaba comer un tipo de pasta tostada llamado Ptitim.

pastah
(Pahs-TAH)

פַּסְטָה

pasta

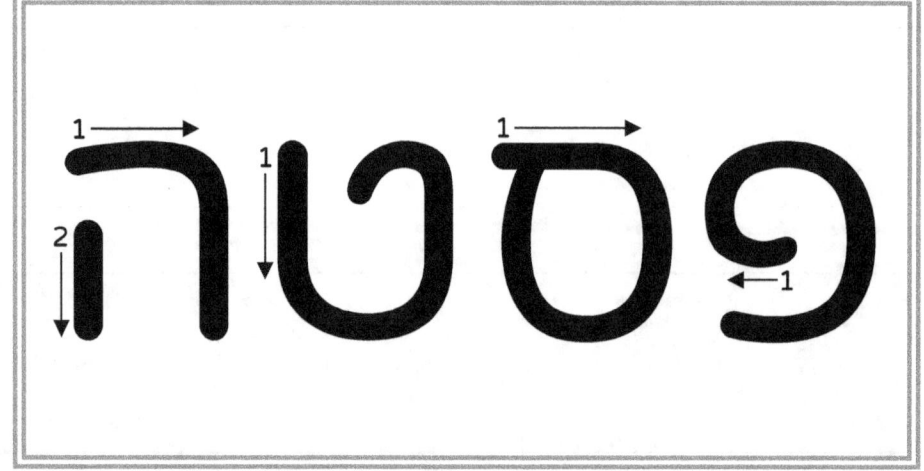

¡Vamos a escribir!

Practica escribiendo estas letras
Hebreas en las líneas de abajo.

פסטה

פסטה

Prueba hacerlo por tu cuenta.
Recuerda que el Hebreo se lee de DERECHA a IZQUIERDA.

✭ Pitzah ✭

La palabra Hebrea para pizza es pitzah. La pizza es una pieza de pan plano cubierto con salsa y otros alimentos, que se cocina en el horno. Los antiguos Israelitas comían pan plano horneado en hornos de barro.

pitzah
(Pee-TSAH)

פִּיצָה

pizza

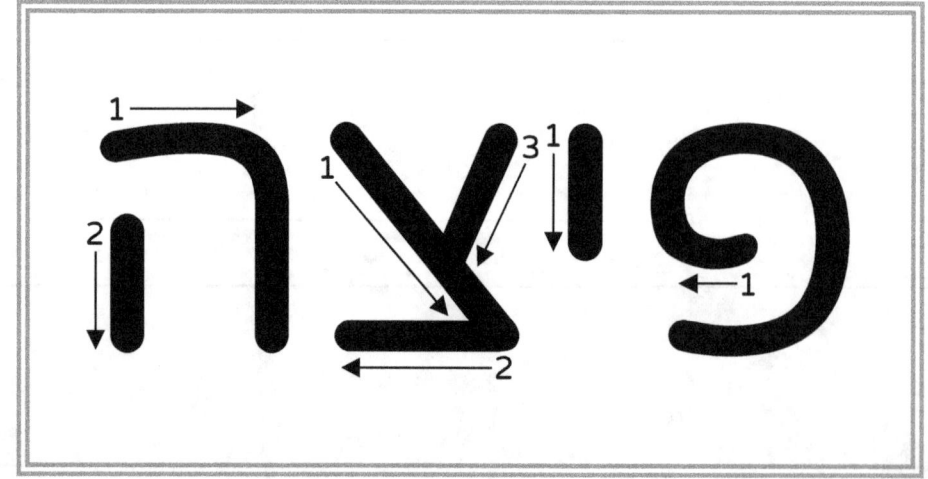

¡Vamos a escribir!

Practica escribiendo estas letras
Hebreas en las líneas de abajo.

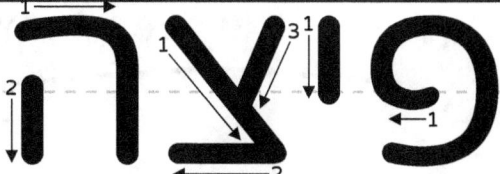

Prueba hacerlo por tu cuenta.
Recuerda que el Hebreo se lee de DERECHA a IZQUIERDA.

✶ Basar ✶

La palabra Hebrea para carne es basar. La mayoría de los Israelitas solo comían carne algunas veces al año durante festivales importantes o bodas. ¡Solo los reyes comían carne todos los días!

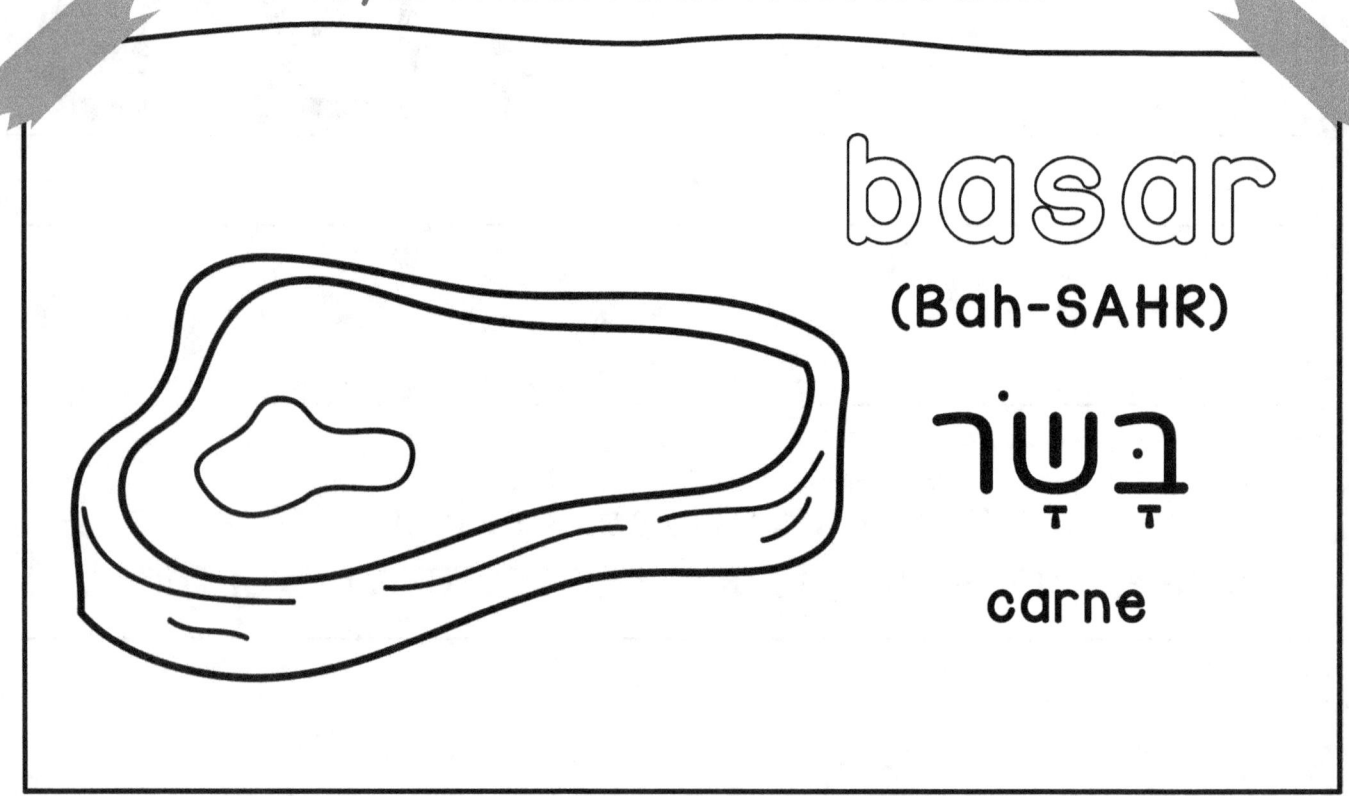

basar
(Bah-SAHR)

בָּשָׂר

carne

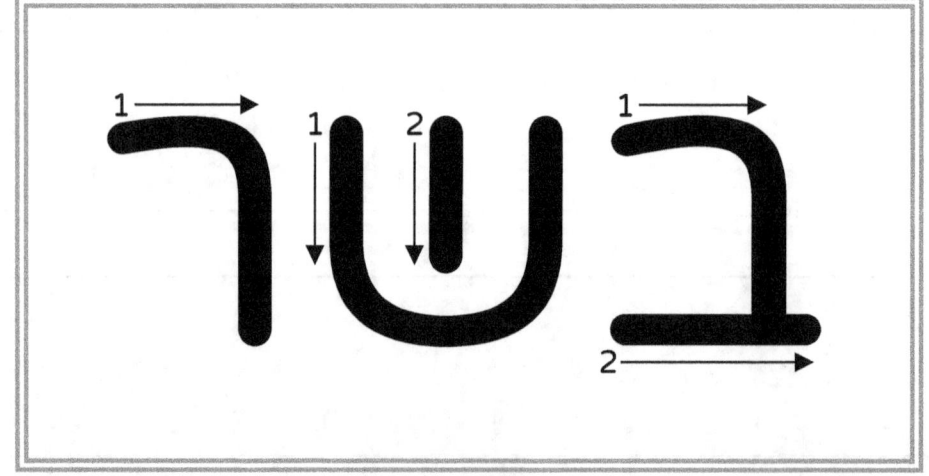

¡Vamos a escribir!

Practica escribiendo estas letras Hebreas en las líneas de abajo.

בשר

בשר

Prueba hacerlo por tu cuenta.
Recuerda que el Hebreo se lee de DERECHA a IZQUIERDA.

Of

La palabra Hebrea para pollo es of. Las personas criaban pollos por su carne y huevos. En tiempos Romanos, los Israelitas comían regularmente pollo y huevos.

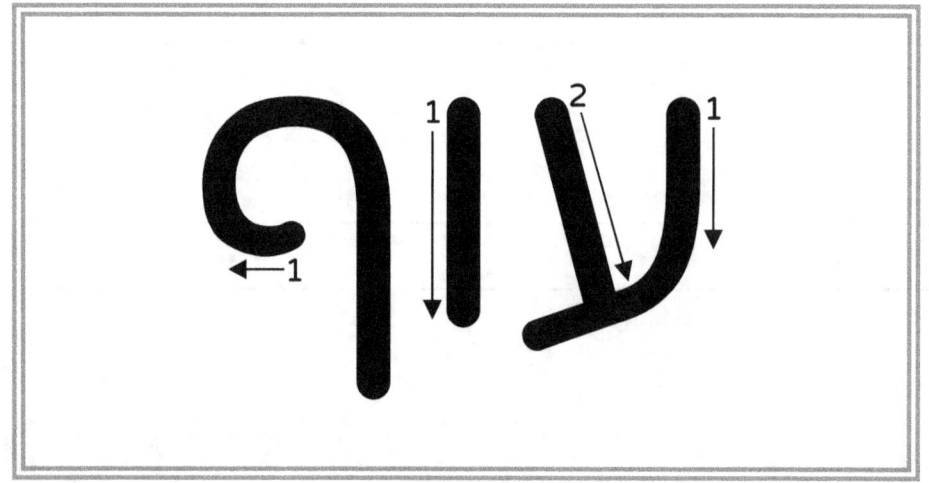

Of (OHF)

עוף

pollo

 # ¡Vamos a escribir!

Practica escribiendo estas letras
Hebreas en las líneas de abajo.

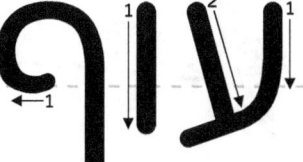

Prueba hacerlo por tu cuenta.
Recuerda que el Hebreo se lee de DERECHA a IZQUIERDA.

Dagim

La palabra Hebrea para pescado es dagim. Algunos de los discípulos más cercanos de Yeshua eran pescadores. A menudo pescaban en el mar de Galilea.

dagim
(Dah-GEEM)

דָּגִים

pescado

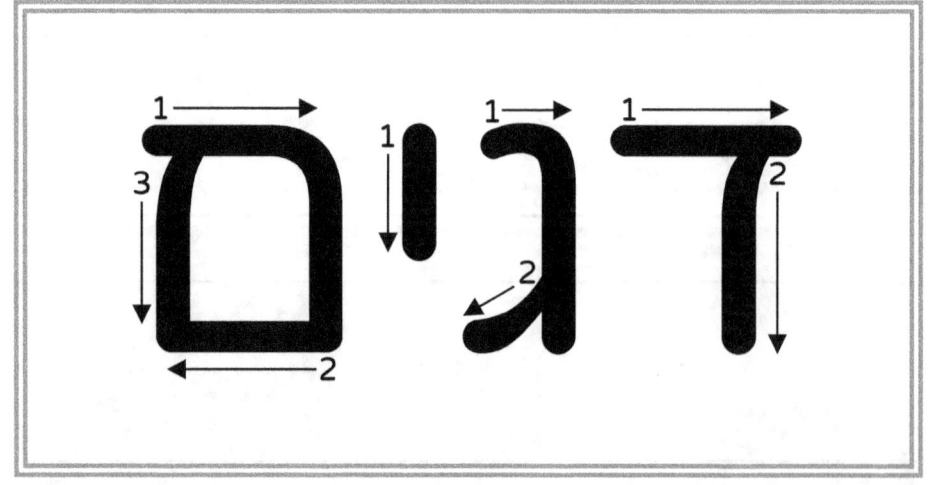

 # ¡Vamos a escribir!

Practica escribiendo estas letras Hebreas en las líneas de abajo.

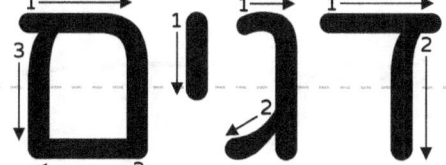

Prueba hacerlo por tu cuenta.
Recuerda que el Hebreo se lee de DERECHA a IZQUIERDA.

Sushi

La palabra Hebrea para sushi es sushi. El sushi es una comida de Japón que se consume en todo el mundo. El sushi se hace con arroz, vegetales, pescado y, algunas veces, ¡incluso algas secas!

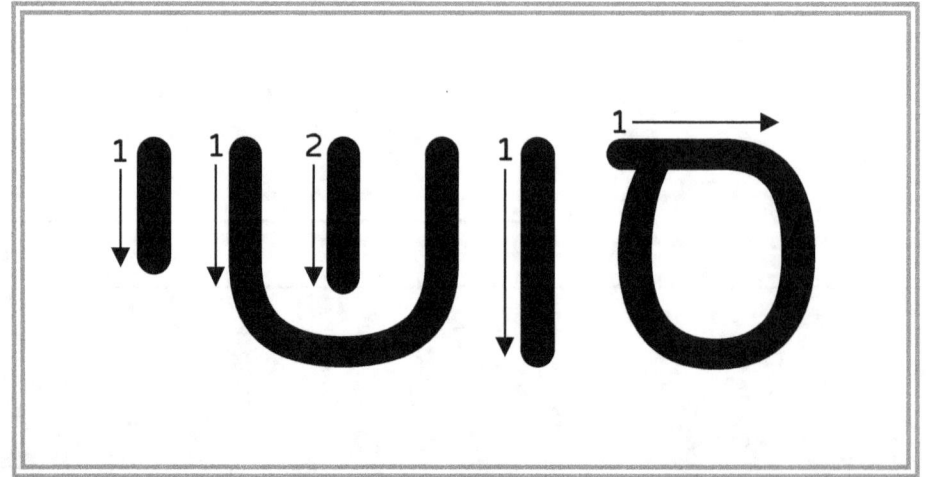

sushi
(Soo-SHEE)

סוּשִׁי

sushi

Aprendiendo Hebreo: ¡Vamos a comer! Libro de Actividades

¡Vamos a escribir!

Practica escribiendo estas letras
Hebreas en las líneas de abajo.

מוֹשׁ

מוֹשׁ

Prueba hacerlo por tu cuenta.
Recuerda que el Hebreo se lee de DERECHA a IZQUIERDA.

✦ Marak ✦

La palabra Hebrea para sopa es marak. Los Israelitas comían sopas y estofados hechos con carne, lentejas, habas y vegetales. Usualmente la sopa se comía en la noche.

marak
(Mah-RAHK)

מָרָק

sopa

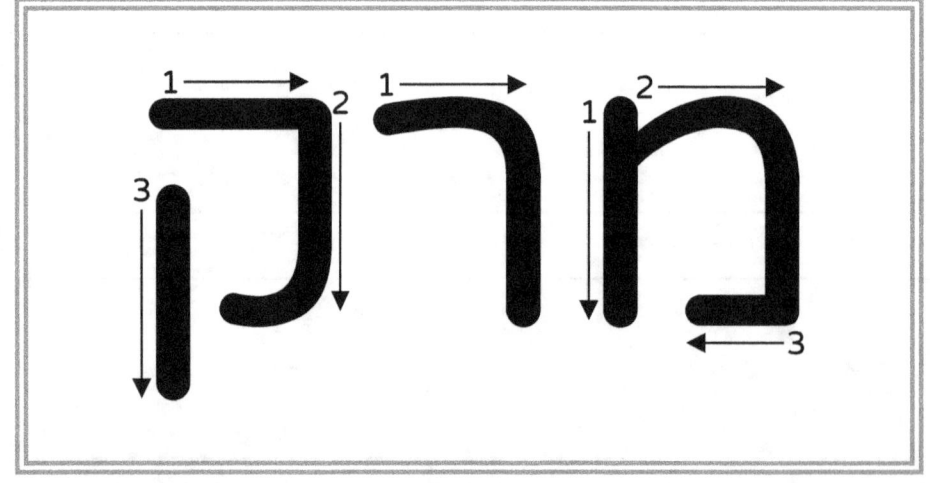

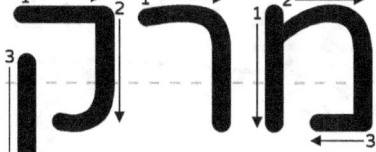

¡Vamos a escribir!

Practica escribiendo estas letras Hebreas en las líneas de abajo.

מרק

מרק

Prueba hacerlo por tu cuenta.
Recuerda que el Hebreo se lee de DERECHA a IZQUIERDA.

Dal bhat

La palabra Hebrea para dal bhat es dal bhat. El dal bhat es un platillo hecho con arroz, sopa de lentejas, vegetales y, algunas veces, carne. Las personas que viven en Nepal e India lo comen regularmente.

dal bhat
(DAL-BAHT)

דָאל בָּאט

dal bhat

¡Vamos a escribir!

Practica escribiendo estas letras
Hebreas en las líneas de abajo.

דאל באט

דאל באט

Prueba hacerlo por tu cuenta.
Recuerda que el Hebreo se lee de DERECHA a IZQUIERDA.

Ugiyah

La palabra Hebrea para galleta es ugiyah. Una galleta es pequeña, plana y dulce, y normalmente se come entre comidas. Durante el Purim, a muchos Israelitas les gusta comer una galleta llamada ma'amoul.

ugiyah
(Oo-gee-YAH)

עוּגִיָה

galleta

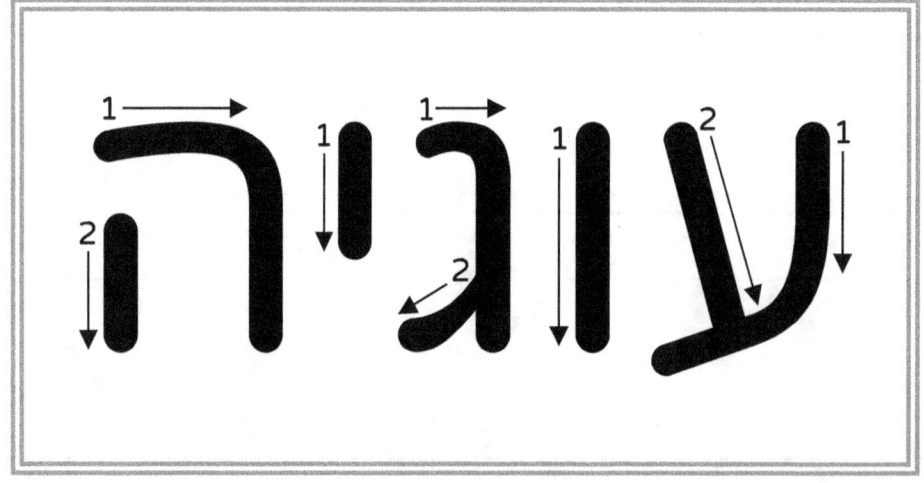

¡Vamos a escribir!

Practica escribiendo estas letras
Hebreas en las líneas de abajo.

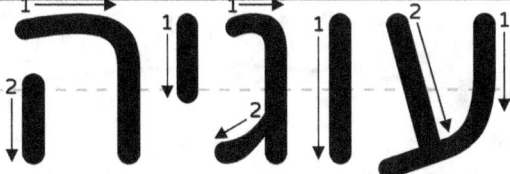

Prueba hacerlo por tu cuenta.
Recuerda que el Hebreo se lee de DERECHA a IZQUIERDA.

Ugah

La palabra Hebrea para pastel es ugah. Los Israelitas prensaban higos secos hasta formar pasteles redondos o cuadrados llamados develah. Los pasteles se almacenaban para comerlos durante el invierno.

ugah
(Oo-GAH)

עוּגָה

pastel

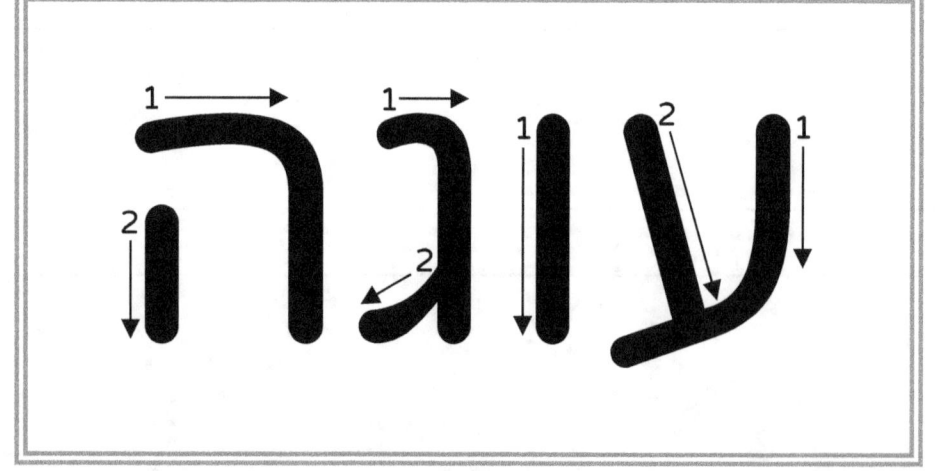

¡Vamos a escribir!

Practica escribiendo estas letras
Hebreas en las líneas de abajo.

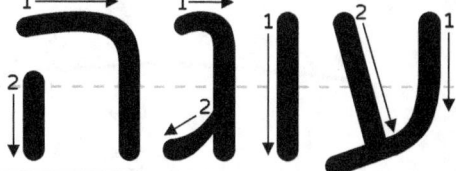

Prueba hacerlo por tu cuenta.
Recuerda que el Hebreo se lee de DERECHA a IZQUIERDA.

✶ Gelidah ✶

La palabra Hebrea para helado es gelidah. El helado es una comida congelada que se hace con crema. Los Israelitas no tenían refrigerador, ¡así que no había helados para ellos!

gelidah
(Geh-lee-DAH)

גְּלִידָה

helados

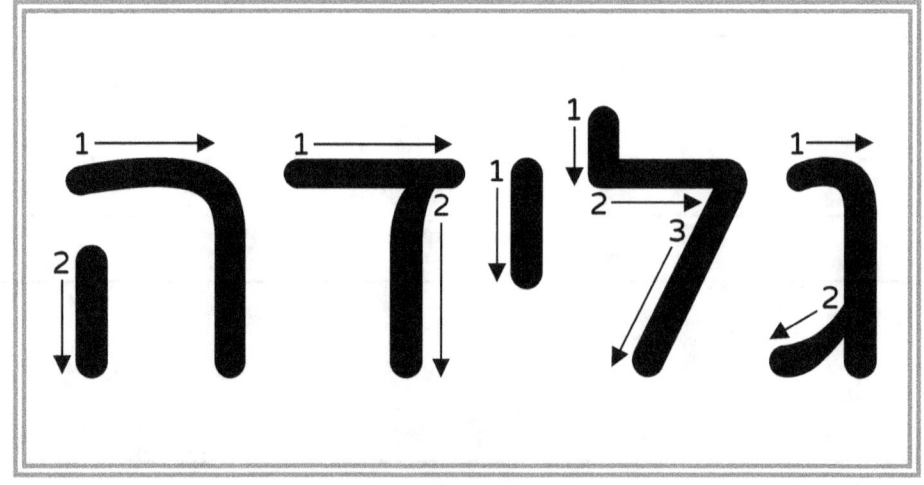

 # ¡Vamos a escribir!

Practica escribiendo estas letras
Hebreas en las líneas de abajo.

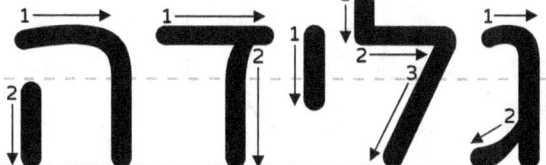

גלידה

Prueba hacerlo por tu cuenta.
Recuerda que el Hebreo se lee de DERECHA a IZQUIERDA.

Traza las palabras

Traza las palabras. Colorea las imágenes.

🌿 Traza las palabras 🌿

Traza las palabras. Colorea las imágenes.

🌿 Traza las palabras 🌿

Traza las palabras. Colorea las imágenes.

Traza las palabras

Traza las palabras. Colorea las imágenes.

Traza las palabras

Traza las palabras. Colorea las imágenes.

Traza las palabras

Traza las palabras. Colorea las imágenes.

🌿 Traza las palabras 🌿

Traza las palabras. Colorea las imágenes.

TARJETAS DIDÁCTICAS

Tarjetas didácticas

¡Recorta las tarjetas didácticas y pégalas
en tu casa o salón de clases!

Beitzah / Huevo

1

Gevinah / Queso

2

Jem'ah / Mantequilla

3

Jalav / Leche

4

מִיץ

Mitz / Jugo

5

בֵּיגֶל

Beyegel / Bagel

6

דְּגָנִים

Deganim / Cereal

7

דַּיְסָה

Daysah / Gacha

8

פירות  **Perot / Fruta** 9	סלט  **Salat / Ensalada** 10
לחם  **Lejem / Pan** 11	מצה 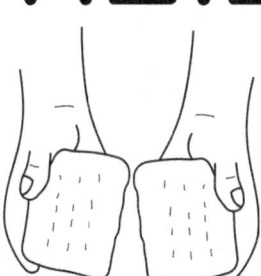 **Matzá / Pan sin levadura** 12

חלה 	כריך 
Jalá / Jalá 13	Karij / Sándwich 14
אורז 	פסטה 
Orez / Arroz 15	Pastah / Pasta 16

| פיצה  Pitzah / Pizza 17 | בשר  Basar / Carne 18 |
| עוף  Of / Pollo 19 | דגים  Dagim / Pescado 20 |

סושי  Sushi / Sushi 21	מרק  Marak / Sopa 22
דאל באט  Dal Bat / Dal bhat 23	עוגיה  Ugiyah / Galleta 24

Descubre más Libros de Actividades

Disponibles para comprar en shop.biblepathwayadventures.com

¡DESCARGA INSTANTÁNEA!

Libro de Actividades de la Porción Semanal de la Torá
Libro de Actividades Limpios e Inmundos
Libro de Actividades Festivos de Primavera
Aprendiendo Hebreo: El Alfabeto
Aprendiendo Hebreo: Animales
Aprendiendo Hebreo: En la Casa
Aprendiendo Hebreo: ¡Vamos a comer!
Libro de Actividades de 100 Cuestionarios de la Biblia

www.ingramcontent.com/pod-product-compliance
Lightning Source LLC
Chambersburg PA
CBHW081158070526
44583CB00021B/2892